TODAY'S MAKE-UP

TAEKO KUSABA

anonima st.

まずは３本のリップを

　モデルや女優、ときには一般の方にヘアメイクをするのが私の仕事。仕事柄でもあるとはいえ、とにかくメイクが好きな私は、コスメを買うことも大好き。化粧品売り場に行くと、ワクワクする。そして買ったコスメをどんなふうに使おうか、考えるのがまた楽しい。

　世の中にメイクのやり方を教えてくれる本はたくさんあるけれど、メイクにNGや不正解はないというのが私の持論。だって自分が楽しく心地よいメイクこそが、美しくなる最大の秘訣だと思うから。私が伝えたいのは、自分に合うメイクや、そのためのコスメの選び方だ。

　もし、メイクには興味があるけれどなんとなく苦手意識があるという

人や、どのように選んでいいかわからないという人がいたら、まずは好きなリップを３本手に入れてみてほしい。その日の気分や服によって、リップを選ぶという楽しさを感じられる。リップを赤く塗ってみたときのドキドキする気持ち、顔がぱっと明るく華やかになるうれしさ、リップの色を変えただけで同じ服がまったく違う表情になる驚き、いつもの装いなのにいつもよりおしゃれに見える自信、そんなときめきこそがメイクの魅力だ。毎日のことだからこそ、メイクが楽しくなると日常が楽しくなる。

　毎日、メイクは選んでいい。昨日と今日の違いは小さな変化でも、選ぶことが楽しいのだ。

03

私 が 大 切 に し て い る こ と

1

服 を 着 る の と 同 じ 感 覚 で
メ イ ク を す る

メイクはファッションの一部。だから、洋服とコーディネートすべきだというのが私のモットー。メイクを鏡で確認するときは、必ず少し離れたところから見る。顔だけで完結させるのではなく、全体のバランスで確認するために。小さな鏡を覗き込むようにしてメイクすると、どうしても細部が気になって、濃く作り込んだ顔になりがち。それは野暮ったくなる要因でもある。

　雑誌の美容ページやメイク本では、「丸顔だから」「イエローベースの肌だから」「目を大きく見せるために」といった視点で、美人に見せるためのメイクを紹介していることが多い。きっとみんな、いちばんきれいになれるメイクを毎日したいのだと思う。でもそれは、顔とファッションを切り離した考え方だと思う。それよりも、「今日は無地のニットを着るから赤リップで」というような視点のほうが私は好きだ。自分がいちばん可愛く見えるのはピンクベージュのリップだったとしても、今日のファッションにはオレンジが合うと思えば、トライするほうが絶対に楽しい。全身を眺めてみると、オレンジだって予想以上にいい感じだったりするものだ。

　天気や予定に合わせてお気に入りの服を選ぶように、その日のメイクを選ぶ。新しく買ったアイシャドウに合わせて洋服を選んだっていい。お気に入りの服を着ているときと同じように、好きなメイクをしていると気持ちが弾む。それは必ず他人にも伝わるから、結果的に魅力的な印象になる。自分のためのメイクは、モテや美人を狙ったメイクよりも、ずっと自由で楽しさの幅が広がるものだ。

私が大切にしていること

2

自分でジャッジする
力をつける

私が素敵だなと思うのは、自分らしさを生かした、その人に似合っているメイク。自分に似合うものに気づくためには、少しの冒険と、意識を今より少し高く持つことが必要。順番を変えたり、省いたり、いつものメイクを変えることは予想以上に勇気がいるかもしれないけれど、いつものメイクは絶対のルールじゃない。例えばシミやクマが気になって顔全体にファンデーションを塗っている人は、コンシーラーでひとつのシミを隠すことで、ファンデーションを塗る必要がなくなるかもしれない。きっちりと引いていたアイラインをやめて、目尻だけにしてみたら、自然な愛らしさが際立ってくるかもしれない。いつもは流れ作業で描いていた眉毛を、少していねいにちょっとだけ太く描いてみたら、ぐっと今っぽい顔になるかもしれない。言わないと他人には気づかれないくらいの小さな変化でも、少しのバランスで印象はけっこう変わるもの。

　それはスキンケアにおいても同じこと。「いいのか悪いのかわからない」というのがいちばん問題だから、まずは自分の肌の状態と、どんな肌になりたいのかを知ることが大事。いろんな化粧品を使い比べるのもいいし、使う量を見直すだけでもいい。意識しながらやると、普段気づかないことに気づくだろう。必要ないのに常用しているものがあるかもしれない。意識的に実験してみると楽しい。

　自分を俯瞰してジャッジすることができるようになれば、もっと自由にメイクやスキンケアを楽しむことができる。

自分が心地よくいられる
メイクってどんなもの？

☐ メイクはファッションの一部

☐ もともとの顔立ちを生かす

☐ ルーティンでとりあえずやる、を見直す

☐ 冒険も大事、品の良さも大事

☐ 最新の流行でも、好みじゃないなら追う必要はなし

☐ モテるメイクに縛られずに、自分が楽しいメイクを

☐ NGを恐れず、いろいろトライしてみる

☐ 肌は完璧につくるものではなく、質感を重視するもの

☐ 好きな色やテイストは偏っていてもいい

☐ メイクの振り幅を広げるより、
　 狭いなかでも多くの選択肢を持つ

☐ 微差に敏感になる

☐ メイクのポイントはひとつがいい

Contents

Page.

03 まずは3本のリップを

04 私が大切にしていること
1 服を着るのと同じ感覚でメイクをする
2 自分でジャッジする力をつける

08 自分が心地よくいられるメイクってどんなもの?

14 1 ポイントメイクの楽しみ

16 No.1 実はみんなに似合うブラウンリップ

18 No.2 赤リップがやっぱり好き

20 No.3 上質な女性らしさならベージュリップ

22 No.4 色ではなく光を使うメイク

24 No.5 質感で選ぶアイシャドウ

26 No.6 アイシャドウは単色使いがいい

28 No.7 アイシャドウは塗り方次第

30 No.8 下まぶたをメイクする

32 No.9 カラーメイクはポイント使いが効果的

36 No.10 ネイルはファッション感覚で

Page.

2 いつものメイクを見直す

38

40 No. 11 眉はメイクの要です

48 No. 12 目を印象づけるアイライン

52 No. 13 理想のまつ毛

56 No. 14 今日のメイクは？

Ver.1〜6

72 No. 15 オケージョンは
いつものメイクをていねいに

3 抜けのあるメイクを

74

76 No. 16 昔の化粧品を使い続けていませんか？

78 No. 17 コスメひとつでミニマムメイク

80 No. 18 肌の質感に今が出る

82 No. 19 きれいな素肌に見せる肌づくり

84 No. 20 ファンデーションの下地って必要？

86 No. 21 ファンデーションは暗めの色を選ぶ

88 No. 22 ファンデーション2色使いのススメ

Contents

Page.

90 No.23 コンシーラーを使いこなすポイント

92 No.24 ファンデーションを塗る道具

94 No.25 プレストパウダーをひとつ持っておく

96 No.26 骨格が際立つメリハリメイク

98 No.27 ときには一人でメイクレッスンを

100 **4 よい土台があってこそ**

102 No.28 日中はクリームが必須

104 No.29 日焼け止めは2種類用意すべし

106 No.30 塗り直しに向いている日焼け止め

108 No.31 夏のテカリ&化粧くずれ対策

110 No.32 自分で肌診断

112 No.33 スキンケアのマニュアルを変えてみる

Ver.1〜4

118 No.34 ときにはスペシャルケアを

120 No.35 スキンケアの要はクレンジング

122 No.36 リップケア

Page.

124 No. 37 ボディの保湿

126 No. 38 3〜4月の肌トラブルにご注意！

128 No. 39 日焼けで敏感になった肌へ

130 No. 40 常備しているレスキューアイテム

132 No. 41 スタイリングはヘアオイルで

134 No. 42 スカルプケアは非常に大事

136 No. 43 マイスタンダードコスメ

コスメ編

スキンケア編

ポーチの中のマイスタンダードコスメ

トラベルコスメ

140 すぐにできることリスト

Skin care

Make-Up

1

ポイントメイクの楽しみ

メイクのなかでも、特に心ときめくのがポイントメイク。

リップやアイシャドウに色や光をのせるのは、ワクワクするものだ。

使ったことのない色も、つけ方次第で顔になじんだり、

自分の顔が新しい表情になったりする。

派手かな？　似合わないかな？　なんて思わず、どんどんトライしてほしい。

ただし、ポイントはひとつだけに絞ることが大事。

リップもアイメイクもと欲張ると、逆に焦点がぼけてしまうし、

抜けのない頑張ったメイクになってしまう。

リップならリップだけと決めるほうが、ポイントが引き立つ。

No. 1

Brown lip

（左から）ローラ・メルシエのクラッシュドピーカン、マックのタッチ、トム フォード ビューティのウィキッドウェイズ、マックのフレンチキス、ランコムのクレーム ドゥ マロン。

実はみんなに似合うブラウンリップ

　リップを1本選ぶなら、なんと言ってもブラウンリップ。ブラウンと聞くと、強い色のように感じてあまり手にとる色ではないかもしれない。厳密に言えば、ブラウンベージュというような色で、単体で見るよりも塗ってみると意外と控えめ。自分でも愛用しているし、仕事で使うなかで、どんな人にも似合う色だと実感している。日本人の肌の色と相性がいい色なのだ。

　顔立ちや唇の色によって、自然になじむ人もいれば、きちんと見える人もいるけれど、赤リップほど肌の色や顔立ちを選ばないし、主張は強くない。でもベージュリップよりも色の存在感があり、顔色がよく見える。ハンサムな女らしさのある、シックでノーブルな表情になるので、大人の女性にとても似合う。

　きちんとした服装にマットな赤リップだと、強すぎて古い印象になってしまうところが、ブラウンリップだとうまくなじんで自然になる。赤リップに飽きたとき、ベージュリップよりポイントがほしいとき、私が勧めたいのは断然ブラウン。ベージュリップの延長線感覚で使えるので、ぜひ試してみてほしい。

赤リップ → p.19　／　ベージュリップ → p.21

No. 2

Rouge lip

赤と言っても質感や色みのバリエーションはさまざまだし、塗り方によっても表情はだいぶ変わるもの。リップスティックorペンシル、筆を使うor指で塗る、輪郭より抑えめに描くorオーバーさせる、ティッシュで押さえるorそのまま、など。

赤リップがやっぱり好き

　赤は特別な色。なかでも私のスタンダードは、マットな落ち着いた赤リップ。その存在感は際立っていて確実に目を惹くし、コーディネートのポイントにもなる。女っぽさというよりもパンツが似合う感じの格好いい印象で、エレガントさもある。ただ、強い色だけあって、挑戦してみたけど似合わなかったという声もよく聞く。たしかに浮いて見えると感じると、気恥ずかしい。でも例えば色付きリップのようなシアーな赤だったら、気負わずつけられるかも？　それに慣れたら、憧れのシャネルのルージュにも挑戦したくなるかも！　赤で失敗しやすいのは、青みの強い鮮やかな赤。華やかな分、浮いてしまいがち。明るい赤よりも、少しくすんだような深い赤のほうが肌なじみがよく、実は似合う人が多い。似合う赤がきっと見つかるから、諦めずにチャレンジしてみてほしい。ただし、ツヤがありすぎると品を損ないやすいので気をつけて。

　ところで赤リップをつけるときは、どこかに抜けた感じが必要。ファンデーションできちんと整えた肌よりも素肌、スーツよりもデニム。イメージは、洗いざらしの髪にマスカラと赤リップだけというパリジェンヌ。完璧に決めずに、ラフにくずすほうが絶対に素敵。筆を使ってきちんと輪郭をとるのではなく、リップスティックで直接塗るくらいがちょうどいい。

No. 3

Beige lip

（左から）スリーのロリータキス、シャネルのポンシーヴとロスト。
ベージュは私が最も女性らしさを感じる色。

上質な女性らしさならベージュリップ

ベージュリップは、なんと言っても上品な雰囲気がいい。主張しない色なのに、素の唇よりも確実にきちんと見える。そこに大人の余裕みたいなものを感じる。

「顔色が悪く見えるのでは？」と心配する人も多い。たしかに赤やピンクに比べると、血色は期待できない。でもひと口にベージュと言っても、肌の色に近いものから、ピンク寄りのベージュや黄みがかったベージュなど、色の幅はとても広い。自分に合う色を見つけることが大事。

どんな色にも言えることだけれど、リップを選ぶときは実際に塗ってみないと、似合うかどうかわからない。もともとの唇の色（歳を重ねると色素が少し薄くなってくる）や顔立ち、全体の雰囲気などによって、相性があるから。例えば赤みが強い唇の人は、ピンクっぽく発色してベージュリップに見えないことも。そんなときは黄み寄りのベージュを選ぶと、ベージュらしい色に発色する。色みによって印象も変わる。ヌーディな色でナチュラルに見せることもできるし、モーヴっぽいベージュだとクールな格好いい印象にもなる。万能なのは、ピンクがかったベージュ。誰もが抵抗なく使いやすい。

また、目元にポイントをおいたメイクには、リップは色が主張しないタイプのベージュが合うということも覚えておきたい。

目元にポイントをおいたメイク → p.35,68

No. 4

Reflection

ハイライターやパール入りのフェイスカラー、メタリックなベージュやゴールド系のアイシャドウなどを活用する。

FACE MAKE UP

色ではなく光を使うメイク

　メイク＝色と考えがちだけど、光やツヤといった質感で遊ぶ楽しさもある。アイカラーやリップカラーにも、色みよりもメタリックなパールや輝きのほうが際立つものが続々と登場していて、唇にツヤではなく光をのせるというリップスティックを見たときは「なんて新しい発想！」と感動した。色が主張しない分、肌の色や顔立ちを選ばずに取り入れやすい。アイシャドウなら、しっとりとしたツヤとほのかな深みが生まれる。リップなら、赤みを抑えて光沢感をプラスできる。

　またハイライトとして使うこともできる。まずは、眉間の少し下にちょんとひと筋。鼻が高く見えるし、顔全体が明るく見える。また、こめかみ近くのＣゾーンや、頬骨の高くなった部分に塗ると、顔立ちに立体感が出る。上唇の山あたりに塗ると若々しく見えるし、下唇の中央あたりに少しのせると、ふっくら見えるという効果も。肌全体にファンデーションを塗るときも、透明感やツヤが出て自然な表情になる。ただし、さじ加減が大切。あざとくならないよう、見えるか見えないかくらいがちょうどいい。

　ちなみに、顔全体が光りすぎると品がなくなるので、ほかの部分のツヤを抑えることでバランスをとって。

質感で選ぶアイシャドウ → p.25 ／ メリハリメイク → p.97

No. 5

Various texture

目元に深みが出せるシャネルのクリームアイシャドウや、ノンパールでマットな色が新鮮なアディクションのパウダーアイシャドウ、ライン状にも広くも塗れるバーバリーのスティックアイシャドウ、みずみずしくツヤが出るスリーのアイグロスなど、同じベージュでも質感によって印象が変わる。

質感で選ぶアイシャドウ

　まぶたに、ラメやパールで輝きを足したり、濡れたようなツヤをプラスする。角度によってはなにも塗っていないように見えるけれど、まばたきしたときや、下を向いたときに、きらっと光が効いてくる……。そんな質感で表情を出すアイメイクが私の好み。単純に色を足すよりも、遊び心があって新鮮。

　光を取り入れるなら、ペールヌードのスティックアイシャドウや、ローズゴールドのハイライターなど、ヌーディなカラーのものを。ラメやパール入りもいろいろとあるけれど、色よりも光が際立つところが気に入っている。

　ツヤを出すなら、アイグロスを。薄く伸ばすのもいいけれど、ヨレを気にせずたっぷりと塗ると可愛い。二重の幅をはみ出すくらい、まぶたに広めにのせるのもきれい。肌の質感をセミマットに仕上げると、よりまぶたのツヤが際立つ。

　逆に、ノンパールのマットなアイシャドウを塗るのも面白い。いい意味で肌になじまないので、意外なほどに存在感が出て、ぐっと個性的な表情になる。そんなときはアイラインは描かないか、控えめな隠しアイラインがいい。

　新しいアイカラーを買うときは、実際に試すこと。売り場のライティングによっても印象は変わるから、手鏡を借りて、照明が強くないところに移動して色をチェックすることもある。塗ってから、トイレや外で鏡を見て判断するのも手。

マットなアイシャドウ → p.68

No. 6

Single colour

アディクションはパウダーの単色アイシャドウが99色もある。私が持っているのは、ベージュやグレー系の色みが多い。似たような色でも、微妙な差が楽しい。

アイシャドウは単色使いがいい

アイシャドウというと、パレットタイプを思い浮かべる人が多いだろうか。ところが結局使うのは1色だけということが多いし、色が混ざりあって汚くなってしまうのもイヤ。そもそもパレットタイプは、グラデーション使いのために作られているものが多い。でも、グラデーションってテクニックがいるし、カジュアルに楽しみにくい。

アイシャドウはまぶたを彩るためのものだと考えると、単色でいい。塗るのも簡単だし、今っぽい顔になれる。ベージュやブロンズ、ブラウンなど、影になる色だと、目元に深みが生まれるし、アイラインなしで目元を強調することもできる。なにより色を複雑に使わない分、質感に意識がいく。特に好きなのは、まぶたに湿度や輝きを感じるようなアイシャドウ。それには、最近増えてきたクリームタイプがいい。ラメやパールにはない独特のツヤが好みだし、指で塗れるから、仕上がりが適度にラフになって抜け感が出る。伸ばしやすいし、重ねることもできるので、単色でも濃淡のグラデーションがつけられる。

一方、従来のパウダータイプは、長時間くずれにくいという利点がある。ただし付属のチップを使うと、色がのりすぎてぼかしにくくなるので、できればブラシを使って。色によっては指を使うのもアリ。

No. 7

Tools for eyes

二重の幅にふんわり塗るなら丸みのある平筆を、目のキワに細くライン状に塗るなら、コシがある小さな平筆を使う。

アイシャドウは塗り方次第

アイシャドウは、顔立ちや目の形によって、似合う色や似合う場所が違う。同じ色でも塗る場所によって、腫れぼったく見えたり、くすんで見えたりすることもある。二重の幅だけに塗るほうが自然なこともあれば、まぶた全体に塗るほうが似合うこともある。まぶたの上だけに塗っているときは、くすんで見えると敬遠していた色が、下まつ毛のキワにも塗ることで、顔になじむこともある。だから、いつも同じ塗り方をするのはもったいないし、似合う色を決めてかかるのもナンセンス。ぜひ手持ちのアイシャドウを使って、いろいろと試してみてほしい。

試すときはどんな色も、まずは二重の幅に塗ってみる。二重じゃない人は、眼球の上までを目安にして。それから、目を開けたときにどう見えるかチェックしてみる。次に、だんだんと塗る範囲を広げていく。色みが控えめなら、眉の下まで塗ってみるのもあり。また、重ね付けして発色させたり、目のキワにライン状に塗ってみたりするのもいい。

予想もしていなかった意外な色が似合うこともあるから、固定観念を捨ててチャレンジしてほしい。

下まぶたをメイクする → p.31

No. 8

Lower eyelid

ナーズと写真家サラ・ムーンのコラボレーションによるパッケージ
デザインに惹かれて手に入れたアイシャドウパレット。

下まぶたをメイクする

　よほどのメイク好きじゃないと、下まぶたをメイクしようとはしないかもしれない。でも、下まぶたをメイクする効果は絶大。仕上がりは、きっと予想しているよりもさりげないから、気軽にチャレンジしてみてほしい。

　その効果のひとつは、深い色を使ったアイメイクが自然となじむようになること。上まぶたに塗ったときは、強すぎて似合わないかも、と思った色が、同じ色を目尻側の下まぶたに少し塗るだけで全体がなじんで自然に見えることがある。濃いめのブラウンゴールドを使えば自然な深みが出て、目が大きく見える効果も。この場合、パウダータイプのくずれにくいアイカラーがおすすめ。下まつ毛にマスカラをつけると、さらに効果的。

　もうひとつは、明るさ。ピンクのパールなどをライン状に塗るだけで、目元の透明感が増し、くすみが払われて、すごくきれいに見える。クマもぼやけて目立たなくなるし、可愛らしさも出る。下まつ毛が際立つという効果もあり。ペンシルタイプのアイカラーを使ったり、パウダータイプを細い筆でライン状につけるといい。

　まぶたのインラインに白を入れると目がクリアに見える効果があるけれど、インラインは粘膜。あまり負担をかけたくない部分なので、ここぞというときだけにしたほうがいいかも。その場合、真っ白よりも、ベージュのほうが自然な仕上がりに。

No. 9

Colours

カラーマスカラは、はっきり色が出るものや、ダブルエンドで上下の色を変えられるもの、一見黒だけど近づくと色を感じるものなど、さまざまなタイプがある。

カラーメイクはポイント使いが効果的

　色で遊ぶのは楽しい。私は強い色を使ってメイクするときは、小さな面積で使う。面積が大きくない分、トライしやすい。奇抜になって悪目立ちする心配もないし、広く使うよりも効果的だから。具体的に言うと、アイシャドウをまぶた全体にのせるのではなく、マスカラやアイラインで色をきゅっと効かせるということ。目を大きく見せる効果よりも、ファッションとしての遊び心と、どきっとさせる意外性を楽しむメイクだ。

　特に好きなのは、ネイビーやブルー、ボルドー、パープルといった深い色みのマスカラ。うつむいたとき、光に透けたとき、横から見たとき、距離が近づいたときなどに、ちらりと感じる色のニュアンスが新鮮。目のラインを引き締めて存在感を際立たせる（結果、目が大きく見える）というマスカラ本来の効果も期待できる。色が主張しすぎず、大人も使いやすいはず。夏に限定で出るようなポップな発色のマスカラは、下まつ毛だけ、または目尻のほうだけ、毛先にだけ色をつけるのも可愛い。下まつ毛につけると、より色が映える。上下のまつ毛で色を変えたりしても面白い。アイラインは、目尻だけにラインを入れると、色が効いてくる。

　いずれの場合も、ほかの部分のメイクは色を抑えることで、メリハリをつけて。

アイライン → p.49

左　下まぶたをメイクする → p.31

上まぶたと同じベージュブラウンの
アイシャドウを、細い平筆を使い、
下まつ毛の目尻側のキワにライン状
にのせて。綿棒でぼかすと、より自
然に仕上がる。

右　カラーメイクのポイント使い
　　→ p.33

ピンクのリキッドアイライナーで、
目尻にさりげないラインを。リップ
はナチュラルな色にすることで、ア
イラインが引き立つ。

No. 10

nail colour

モードな色ならシャネルやアディクション、塗りやすくキャッチーな色はネイルズインクで探すことが多い。

Nail

ネイルはファッション感覚で

　自分の顔にメイクするのが苦手という人がいたら、いちばんに勧めたいアイテムがネイルカラー。常に自分の視界に入るから、きれいにしていると自信が持てて気分が上がる。もちろんファッションやメイクの上級者にとっても、ネイルは遊びやすいアイテムだ。顔じゃないから、自分に似合うか似合わないか気にしないで冒険しやすい。たくさんの選択肢が持てて、トレンドを取り入れやすいという面は、メイクアイテムのなかで最もファッション的だと思う。

　ベースコートは、爪の色素沈着を防ぐためにも、表面をつるんと整えるためにも、絶対に塗るほうがいい。トップコートを重ねると、確実に長持ちするし、ちょっとした塗りムラがカモフラージュされるという効果もあり。

　きれいに塗るコツは、できるだけ、タッチの回数を最小限にすること。筆に多くつきすぎていると、ならすために何回もタッチしてしまう。ボトルから筆を出すときに、片面をボトルの口でそいで、筆先のたまりも少し落としてから塗ると、量をコントロールしやすい。そして薄く塗ることも重要。発色させたいときは一度に厚く塗るより、重ね塗りをする。結果、早く乾いて美しい仕上がりに。また、爪のキワに色が入ってしまうときれいに見えないので、髪の毛1本分くらいあけるつもりで塗るといい。

37

2

いつものメイクを見直す

メイクは毎日のことだから、どうしてもルーティンに陥りがち。

これがいちばん自分がきれいに見えると思い込んでいることも多い。

だけど、メイクの正解はひとつじゃない。メイクにも流行があるし、

毎日の服装によっても合うメイクは変わる。

時間に追われて、何も考えずにとりあえずしていたメイクを

あらためて考えてみると、必ず新しい発見があるはずだ。

眉ひとつとっても、色や太さを少し変えるだけで、印象はがらりと変わる。

今日は眉を少し濃くきりっと描いてみよう。

いつも描いているアイラインをやめてみよう。マスカラの色を変えてみよう。

そんな小さな変化が、その日の自分を変える。

No. 11

Brows

（左から）スリーのアイブロウパウダー、トム フォード ビューティのアイブロウジェル、エレガンスのリキッドアイブロウ、アディクションのアイブロウペンシルとブラシ。

眉はメイクの要です

　リップやアイシャドウのようなカラーアイテムがメイクの主役だと思っている人が多いかもしれないけれど、顔の印象を決めるのは実はアイブロウ。とは言え、眉をしっかり描きましょう、ということではなく、ほかの部分のメイクよりも意識を高く持ちましょうということ。たとえほかがすっぴんでも、眉を整えるだけで、きちんとしたていねいな印象になる。

　日本人の眉はそのままだと黒々と浮いて見えるので、少し茶系の色で補整すると顔になじみ、垢抜けて見えるようになる。目の印象が際立ち、顔色が明るくなるという効果も。だから私はノーメイクの日でも、眉メイクだけは必須。

　また、眉とのバランスによって目の印象はかなり変わる。アーチ型の眉だと目との距離があるから目が小さく見えたり、ぼやけた表情に見えたりする。逆に眉の下側を描き足して目との幅を狭めると、目が力強く見える。私はきりっとした直線的な眉が好きなので、山をあまり作らない。元の眉が山形だったとしても、大胆に山の下を埋めて直線的に描き、アウトラインをブラシでぼかせば素の眉のように自然に見せることができる。

　眉にバリエーションがあると、メイクはすごく楽しくなる。角度や濃淡、描き方をいろいろ試してみてほしい。太めに描いてみたり、ふんわり描いてみたり、眉頭だけ強調してみたり、ほんの少しのさじ加減で表情はがらりと変わる。

眉メイク → p.46

No. 11 眉はメイクの要です

アイブロウペンシル
Eyebrow pencil

　ペンシルは2種類を使い分けている。手軽にささっと描くなら、なぎなた型が便利。横に寝かせて描けば、色を塗るようにふんわりと描けるし、縦にして細く描けば眉尻などの細部も描き込める。一方、眉毛が生えていない場所や薄い部分には、極細のペンシルを使う。芯が柔らかいと描きやすいけれど消えやすく、芯が硬いと消えにくい。

　注意したいのは、精密に描きすぎないこと。全体を同じ濃さでくっきりと描くと、貼りつけたような不自然な表情になってしまう。自然な立体感があるのは、中心部分は濃く、眉頭やアウトラインはやわらかくぼかした眉。そのためには、スクリューブラシを利用してぼかす調整が必須。特に上側をぼかすと自然に見える。また、細かく描き込みすぎないよう、手鏡ではなく置き鏡を少し引いた位置で見ながら描くこと。

アイブロウパウダー
Eyebrow powder

　パウダーを使うと、ふんわりとした表情に仕上がる。2色以上のグラデーションがあるものがいい。眉頭やアウトラインには薄い色を使い、眉尻や中心部分に濃い色を使うと、自然な立体感が出る。大切なのは、付属の小さな筆やチップではなく、柄が長いブラシを使うこと。小さい道具は使いにくく、鏡にも近づいてしまいがちだし、力が加減できず濃くなりやすい。柄が長いと力を抜いて描けるため、濃淡の調整がしやすい。

　ペンシルだけだと落ちやすいけれど、パウダーを併用するとくずれにくくなるので、ペンシルで描いた後にパウダーをのせるといい。

　また、色付きのパウダーを重ねるのも可愛い。グリーンだとアッシュっぽい色合いになるし、ピンクだとインパクトが出る（p.65）。まずは手持ちのチークやアイシャドウで試してみるのも手。

No. 11　眉はメイクの要です

アイブロウマスカラ
Eyebrow gel

　眉毛の足りない部分だけを描くと、横から見たときに色ムラが意外と目立つので要注意。私のおすすめは、足りない部分をペンシルやパウダーで描き、全体をアイブロウマスカラで仕上げること。汗をかいても落ちにくくなるし、色が均一になり、毛流れも整う。素がしっかりとした眉の人は、アイブロウマスカラだけでもOK。するとペンシルやパウダーで描くよりも抜けのある眉になる。素のように自然だけど、ノーメイクより確実にきれい。

　つけ方は、まず毛の流れに逆らうように眉尻からかるくつけ、その後、毛流れに沿って眉頭からなでていくだけ。眉頭は、毛を立たせるような感覚で。

リキッドアイブロウ
Liquid eyebrow

　私は眉毛がない部分を描き足すというよりも、毛流れを際立たせるため、特に眉頭を強調させたいときに使うことが多い。眉毛が薄い人は、まず全体をパウダーで描いた上にリキッドで1本1本の毛のアクセントをつけていくといい。1〜2本、眉間側に描き足すと、ほどよいボサボサ感が出て可愛い。

　本物の毛のように仕上げるためには、顔に対して垂直に当て、毛流れに沿って、隙間をあけてとにかく細く描くのがコツ。濃いめの色みを選ぶのもポイント。

No. 11　眉はメイクの要です

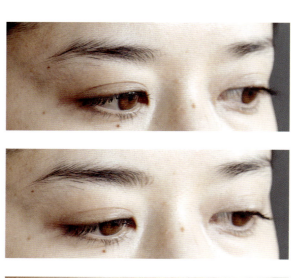

BEFORE

これが私の素の眉。抜いても切ってもいない。

周りの毛を抜いてしまうと、テンプレートで描いたような、貼りつけたような表情になってしまう。そのままでもメイクで眉を整えれば、周りの毛は余韻となってくれる。引いて見たときに自然で美しいのは、断然後者の眉。

リキッドアイブロウで眉頭を強調

眉頭の毛流れに沿って、リキッドアイブロウで1本ずつ毛を描き足す。1、2本、眉間の内側に描き足して、より強調。眉尻のほうはあえて何もしないことで、眉頭を引き立たせる。

アイブロウパウダーとペンシルで描く

眉尻など足りないところをペンシルで描き、上からパウダーを重ねる（重ねることで落ちにくくもなる）。中心部分は濃く、輪郭部分をブラシでぼかすことで、自然な表情になる。きれいに描きすぎないことがコツ。

アイブロウマスカラで毛流れを調整する

トープカラーのアイブロウマスカラで毛流れを整えつつ、眉頭の毛を立たせて強調。毛の隙間を埋めないので、毛流れが際立ち、抜けのある印象に。

使用したアイテム → p.40

No. 12

Eyeline

シャネルのペンタイプのリキッドアイライナーや、アディクション
やトム フォード ビューティのペンシルアイライナー、ランコムの
リキッドアイライナーなどを愛用。

目を印象づけるアイライン

　私にとってアイラインは、目を大きく見せるためというより、目を印象づけるために描くもの。黒や深い茶色のアイラインは、全体の雰囲気を引き締める効果も絶大。黒が強すぎる人には、深いブラウンがなじみやすい。

　ポイントメイクとして効果的なのは、跳ね上げるアイライン。リキッドかジェルが向いている。目の中心より少し外側から目尻にかけてラインを描き、終着点に向かって自然とラインが細くなっていくと美しい。まず終着点の位置を決め、そこに向かって目尻からラインを描く。そしてエンドラインの細さをキープしつつ、ラインに太さを足していく。すると跳ね上げの角度がつきすぎることなく、自然な仕上がりになる。目の幅を出したいときは、目尻の横を終着点にするといい。

　一方、ほかのポイントメイクの脇役として隠しラインを入れる場合は、ペンシルが簡単。まつ毛の隙間を埋めて目のフレームを際立たせたり、インラインを描いたりするのに向いている。

　どちらの場合も、目頭にラインを描くとトゥーマッチになりがちだから、目を囲むようにというよりは、目尻側に重点的にラインを描くほうが自然に見える。上手にアイラインを描くには慣れるしかないから、何度か練習を。

No. 12 目を印象づけるアイライン

アイライナーの選び方

アイライナーを買うときは、
左右を別のアイテムで試してみると、違いがわかりやすい。

ペンシル

初心者でも描きやすいのはペンシル。線を引くときに安定感があり、ぼかしやすいので失敗しても怖くない。ただその分にじみやすいので、描き終えた後、綿棒や指の腹でかるく押さえると、余分な油分が取れてくずれにくくなる。上から細い筆でプレストパウダーをのせるのも手。描く前には、ティッシュの上で回転させながらラインを何度か描き、先を尖らせると細いラインが描ける。

ジェル

使い勝手も仕上がりも、リキッドとペンシルの間に位置するのがジェル。ポットタイプのジェルを筆で描く場合、ペンシルよりも細く流れるようなラインが描ける。かつ、リキッドの筆よりも扁平型で毛足が短く、コシがあるので、安定したラインが描ける。しっかり乾けばにじみづらく、リキッドよりはマットな仕上がり。

リキッド

みずみずしくツヤっぽい黒できりっとしたラインを描くには、リキッドが最適。跳ね上げたり、エンドラインを細く描いたりと、繊細に仕上げられる。ただ、初心者からすると緊張感があり、筆がしなるからラインがぶれやすい。慣れるには練習あるのみ。乾くとにじみにくいのも特徴。

目を印象づけるアイライン
黒のリキッドアイライナーで、目尻側に跳ね上げすぎない自然なアイラインを。

No. 13

Eyelash

シスレー、ヘレナ ルビンスタイン、ディオール、ランコムなど、
目的によって使い分けている。

理 想 の ま つ 毛

　なだらかにカールした、密度のある豊かなまつ毛がいい。長さよりも自然なカールと、自然なふさふさ感を優先したい。

　横から見たときの美しさは、なんと言ってもゆるやかなカーブにかかっている。それには、ビューラーでまつ毛を、根元→中間→毛先と３〜４回挟む手間が大切。ホットビューラーを使うと、カール力が持続する。目を大きく見せることに執着すると、躍起となってまつ毛を根元から上げるから、カクッと折れてしまい、びっくりしたような目になってしまう。

　また、マスカラを毛先までたっぷりつけるとヒジキのようになってしまうから、根元だけにたっぷりつけるのが気に入っている。すると、まるでアイラインを描いたように目を際立たせてくれるうえ、ダマにもならず、毛先は繊細で自然な仕上がりに。この塗り方には、コームタイプがおすすめ。または、スクリューブラシを縦に用いて根元に液を置くようにつける。

　日常的に使うことを考えると、お湯落ちタイプのマスカラはクレンジングの負担がかからないので、使い勝手がいい。

No. 13　理想のまつ毛

マスカラの選び方

ボリュームを出したいのか、自然に見せたいのか、
カールを長持ちさせたいのかなど、求める仕上がりによって、選び方が変わる。

ボリュームとカール力を求めるなら

　ヘレナ ルビンスタインのコブラは、カールが持続されるうえ、ボリュームをアップできる優秀なマスカラ。ウォータープルーフなので、カールが落ちやすい人や涙目っぽい人にもおすすめ。

根元にたっぷりつけたいとき

　目のフレームを強調しつつ、毛先を繊細に仕上げたいときは、根元にだけたっぷりつける。ただし、普通のマスカラだと根元ギリギリにつけるのは少し怖いので、小さなブラシのマスカラを選ぶといい。プレイリストのものはブラシが新素材で当たっても痛くないし、形も根元に塗りやすい。

まつ毛の密度を上げるなら

　日本人に多い、まばらで短いまつ毛をキャッチするなら、小回りのきくミニサイズのブラシを。下まつ毛にも使いやすい。お湯落ちのスマッジプルーフタイプは、皮脂やファンデーションなどの油分でにじみやすい人でも安心。リップや眉など、ほかのポイントメイクを際立たせたいとき、さりげなく仕上げるのにも向いている。

EYES

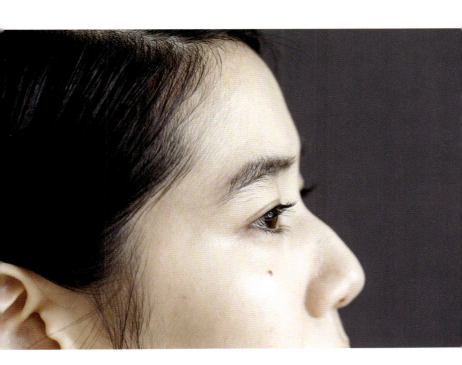

理想のまつ毛

横から見たときに、まつ毛の根元から先まで自然なカーブを描いている。マスカラは根元だけにつけることで、繊細な毛先と、ほどよいボリュームアップが叶う。

No. 14

Today's make-up

私の定番であるカジュアルな白Tシャツには、アディクションのティント リッププロテクター＋モアのドアオープンというシアーな赤リップがよく似合う。

TODAY'S MAKE-UP

今日のメイクは？

　新しい服を着る日は出かけるのがうれしくなる。何を着よう
かな、どんなコーディネートにしようかなと考えるのも楽しい。
なのにメイクは毎日同じだなんてもったいない。ルーティン化
したメイクでは、つまらなく感じてしまうかも……。自分の顔
に合う定番メイクもあるけれど、私は新しいリップを使いたく
て着る服を決めたり、服装に合わせてメイクを考えたりしてい
る。例えば「今日は雨だから、Tシャツにスニーカーというカ
ジュアルな服装だな。それなら肌はクッションファンデーショ
ンを全体に薄く塗ってきちんと整えよう。あとはマスカラをま
つ毛の根元に多めにつけるくらいがちょうどいいバランスだ
な」と、こんな感じ。

　メイクの順番も日によって変わる。肌づくりから始める人が
多いかもしれないけれど、先に肌から始めると、どうしても全
部をきれいに仕上げようとしてしまい、抜けがなくなりがち。
逆にポイントメイクを先にすれば、肌を素肌っぽくするのか、
またはもう少しマットな質感で大人っぽく、というように全体
の仕上がりを調整できる。先にアイメイクをしたことで、いつ
もは真っ先に隠しているクマが目立たないなと気づいたりして。

　ルーティンメイクから選ぶメイクへ。今日はどんなメイクに
しようかな？　と、考えることからスタートです。

クッションファンデーション → p.76, 80

57

No. 14 今日のメイクは?

Ver. 1 私の定番であるシンプルなメイク。
ポイントをつくらずに、さりげなく整えるだけ

　マスカラで目を際立たせて、眉はなぎなた型のペンシルでささっと描く。コンシーラーで目元と口元のくすみを払い、唇には色ではなくツヤだけをのせる。

TODAY'S MAKE-UP

Ver. 2 カジュアルな服に赤リップを効かせるときは、肌に抜けをつくるのがポイント

　粉っぽさや厚塗りはいっさい排除して、潔く赤いリップを効かせる。手抜きに見えないよう、コンシーラーで肌を、アイブロウマスカラで眉の色と毛流れを整える。

No. 14　今日のメイクは？

Ver. 3　眉メイクをポイントにした、ほどよくラフで抜けのあるメイク

　アイブロウリキッドで眉頭のみを描いて強調し、ボーイっぽくきりっとした感じに。リップはエレガントにはならない、肌なじみがいいツヤのあるブラウンを。全体の色みを抑えた分、明るめのコンシーラーで目元を明るく、顔色をよく見せる。

TODAY'S MAKE-UP

Ver. 4 目上の方に会うときなど、きちんと見せたいときに

　クッションファンデーションで顔全体にソフトフォーカスをかけたように整え、目元にアイラインを跳ね上げずにきりっと効かせ、リップはコーラルベージュで品よく。ベージュのチークスティックで立体感と、派手にならない程度の血色をプラスし、眉はパウダー2色を使ってふんわりと立体的に仕上げる。

No. 14 今日のメイクは？

Ver. 5　シンプルな服でも、落ち着いた大人っぽい雰囲気に仕上げたいとき

　ベージュゴールドのクリームアイシャドウで目元に深みを出しつつ、マスカラをまつ毛の根元につけて引き締める。肌づくりはコンシーラーのみで抜けを出し、眉は足りない部分をペンシルで描き、リップは色ではなくツヤのみをのせる。

Ver. 6 冬の重くなりがちな服装には、目元にひと筋の光を効かせて

　色みではなく光の質感を重視したメイクなので、肌はコンシーラーで整えた後、パウダーでセミマットに仕上げる。目元に色みよりも光が際立つアイシャドウをライン状に入れ、小さなブラシのマスカラで目元を引き締める。リップは色みを整える程度に。

Today's make-up

モノトーンのコーディネートのポイントに、マットなボルドー色のリップを。深い赤はハードルが高く思えるかもしれないが、つけてみると明るい赤より意外となじむもの。ネイルもリップにリンクさせて同色に。眉をさりげなく整え、目元はマスカラのみ。肌はパウダーでツヤを少し抑えて、きりっと落ち着いた格好いい印象に。

Today's make-up

古着のワンピースの赤にリンクさせて、ピンクのアイブロウパウダーで眉に赤みをプラス。眉毛のない部分には、同じアイブロウパウダーのパレットに入っているブラウンを使い、ピンクの見せ方を調整。ポイントが眉なので、リップはベージュピンクでナチュラルに。

Today's make-up

赤をカジュアルに使いたかったので、色がべたっとつかず、じんわりと色みを感じさせるようなバームタイプの赤リップ（私が偏愛しているアディクションのドアオープンを使用）をポイントに。マスカラで目元を引き締め、眉を少し描き足して整え、素肌っぽいツヤのある肌に仕上げた。

Today's make-up
白とベージュのワントーンコーディネートは、カジュアルだけど大人っぽく落ち着いた雰囲気にしたかったので、目元に深みを出すことに。マットな質感で深いベージュのアイシャドウ（アディクションのアースウィンド）を。肌になじみのいい色だけどマットな質感という意外性が、ハンサムに仕上がるポイント。ネイルも合わせてキャメル色に。

Today's make-up

黒や白の服はメイクが映えるので、ポイントメイクをしっかり効かせるといい。特に真っ白な服は、白の強さで顔が地味な印象に見えてしまうことがある。そんなときは、肌になじむブラウンリップを。

Today's make-up
黒いワンピース姿には、シルバーカラーのスティックアイシャドウをアイホール全体に塗って、光をプラスし、マスカラで目元を引き締めた。光を際立たせるためにパウダーをブラシでつけて、セミマットな肌に仕上げて。ネイルも白っぽく光るパール色をきらっと光らせた。

No. 15

Formal style

色は主張しないけれど、素の状態より確実にきちんときれいに見えるベージュリップがあると重宝する。

SPECIAL DAY

オケージョンは
いつものメイクをていねいに

　パーティや結婚式などフォーマルなシーンでも、メイクは盛ったり強調したりする必要はなし。肌づくりや眉メイクをいつもよりていねいにするだけで、きちんとした印象になる。特に華やかにしたい場合には、リップを塗ったり、光を使ったりするメイクで十分。眉を少しだけ長めに描くだけでも、エレガントな表情になる。

　むしろワンピースやジュエリーが華やかな場合は、控えめなメイクでバランスをとるほうが洗練されて見える。着物を着るときも、ヘアの毛先をしまうことや、肌のツヤが出すぎないようにすることに気をつけるくらいで、いつものメイクがいい。ただし、リップは塗っていないと地味に見えるので、ヌーディな色でもきちんと塗ることが大事。

　もちろん、服装とのコーディネートは大切。服や着物に主張がある場合は、いつもより少しだけ色みを足してもいい。仰々しさは出さず、上品さを大切に、いつもの自分らしく、が鉄則。

73

3

抜けのあるメイクを

私がメイクで大切にしているのは、さりげなさ。

完璧に整えたフルメイクは、決めすぎたファッションと同様に

野暮ったく見えてしまうもの。ほどよく肩の力の抜けたメイクのほうが、

洗練されていて素敵だなと思う。

"自然だけどすっぴんよりきれい"を実現するには、

まずメイクの主役を決めること。

そして、そのほかの部分は素を生かして仕上げること。

力の抜けた自然な表情は、洋服ともしっくりなじむ。

そんな抜けのあるメイクなら、

カラーマスカラや赤リップといった冒険メイクもトライしやすい。

こうしてどんどんメイクが楽しくなっていく。

No. 16

In vogue

素肌っぽいツヤ肌の需要に合わせて、近年誕生したのが、クッショ
ンファンデーション。スポンジにジェル状のファンデーションを染
み込ませ、携帯できるようになっている。

MAKE UP

昔の化粧品を使い続けていませんか？

メイクにもトレンドがある。特に、肌やリップの質感は時代性が出やすい。太眉や赤リップのようにわかりやすいトレンドもあるけど、微妙なツヤや質感によって今っぽい雰囲気になるということもある。一見同じ色のリップでも、10年前のベージュと今のベージュは、パールの粒子の大きさやトーンなどが確実に違う。なんとなく古くさい、垢抜けないという悩みの理由は、昔の化粧品をそのまま使っているからかもしれない。

コスメは年々、品質が上がり、種類も多種多様に増えている。だから、例えば今は主流ではないパウダリーファンデーションだって、現行品ならばパウダリーと言えどもツヤのある今っぽい質感になるように作られているのだ。トレンドばかりを追いかけるのはナンセンスだけど、自分の好みに合わせて取り入れるのは楽しいもの。

すべてのコスメを買い換えるのは大変だろうけど、まずは1本のリップから。ひとつでも新しいコスメを使うだけで、旬な感じが出るものだから。

ちなみによく聞かれることだけど、コスメにも消費期限が一応ある（海外の製品には表記されていることが多い）。特に唇に直接使う口紅は要注意。1日の終わりにティッシュで拭くなど、衛生的に保つよう心がけて。

肌の質感に今が出る → p.81

No. 17

Multipurpose

（左から）アディクションのカラーバームのドアオープン、アール エムエス ビューティのハイライターのマスターミクサー、アディクションのチークスティックのティーローズ。

コスメひとつでミニマムメイク

　普段の自分のメイクは、とてもミニマム。ポイントはひとつだけに絞っている。そのほうが効果的だし、服とバランスがとりやすいから。

　使うコスメがミニマムというのも好みだ。ひとつのアイテムを顔のいろいろな場所に使い回すことで、顔に統一感が出てきれいに仕上がる。ワントーンではあるけれど、塗る場所によって質感が微妙に異なるのも楽しい。

　例えば、ヌーディなローズベージュのチークスティックを、目元と唇にも塗るとやわらかで上品な印象に。ジェルタイプのゴールドブラウンのアイシャドウで眉も描くと、ぐっと洗練された表情に。肌なじみのいいコーラルレッドのリップバームは、チークにも使うとほんのり上気したような表情をつくれる。ローズゴールドのハイライターをリップやアイシャドウにも使うと、ノーブルなニュアンスに。真紅のリップライナーを眉にもにじませることで、トレンド感のある垢抜けた雰囲気に。

　……といった具合に、ルールにとらわれず自由に大胆にトライするのが、メイクを楽しむコツ。

No. 18

Raw skin

シャネルのクッションファンデーションとツヤ仕上げのプレストパウダー。クッションファンデーションは、いわば持ち歩けるリキッドファンデーションで、とてもみずみずしく、ツヤっぽく仕上がる。

MAKE UP

肌 の 質 感 に 今 が 出 る

　10年前と現在販売されているファンデーションを比べてみると、明らかに違うことがある。カバー力よりも、なるべく素肌っぽく見せることを重視するようになり、ツヤのある仕上がりや厚塗り感がないことを、各メーカーが競うようになった。それに伴い、主流はパウダリーからリキッドとなったけれど、パウダリーファンデーションも進化してツヤ仕上げになった。プレストパウダーも、たっぷりつくスポンジではなく、薄く仕上げられるブラシが付属するようになった。

　いちばんわかりやすいのが、クッションファンデーションの登場。薄付きだからシミを隠すほどのカバー力はないけれど、肌への密着度が高いから毛穴は隠れる。パウダーなどで仕上げなくてもいいから、ほどよくツヤっぽい。

　薄付きでありつつ素肌よりきれいに見せるためには、いいところは残し、気になるところはカバーするというメリハリが大事。さらに骨が出っ張っている部分にはツヤを出し、汗をかきやすい小鼻や鼻の下、おでこなどはツヤを抑えることで、素肌のようなツヤっぽさを演出できるのだ。

クッションファンデーション → p.76

No. 19

Base make-up

素肌っぽい肌づくりに欠かせないコンシーラー。カバー力や色み、
質感の違うものをいくつかそろえている。

MAKE UP

きれいな素肌に見せる肌づくり

　日本人は社会的なマナーとしてファンデーションを塗る人が多いけれど、ノーファンデーションでもきちんとした印象に見せることはできる。一度、ファンデーションの必要性を、自分の肌を確認しながら考えてみてほしい。どんなファンデーションをどんなふうに塗るのがいいのか。肌を整えたいからといって、単純に全体を均一に塗るのは安直。

　もし肌全体のくすみを払いたいとか、日焼け止め代わりにしたいというときは、ほどよいツヤの出る薄付きのファンデーションを全体に塗るのがおすすめ。ふわっとベールがかかったような感じに整う。カバーしたいところがあれば、部分的に少し重ね付けすればOK。

　一方、シミやクマを隠したいなら、そこだけコンシーラーでカバーすれば、ほかの部分はファンデーションなしでいいかもしれない。そのほうがきれいに見える人は、けっこう多い。コンシーラーで目の周りのくすみを払うだけでも、顔色はぱっと明るくなる。毛穴が気になる人は、気になるところだけにファンデーションを塗る。鼻のツヤやおでこのつるんとした感じは素肌のままを生かせば、ぐっと自然な感じになる。こんなふうに調整する程度を心がければ、抜けとツヤが出る。化粧くずれもしにくくなるから、ファンデーションは必要最小限がいい。

ファンデーションの下地 → p.85 ／ コンシーラーを使いこなす → p.91

83

No. 20

Primer

(左から) くすみを払うためのエスケーツー、化粧くずれを防ぐナーズ、保湿効果のあるローラ・メルシエ、アイシャドウの発色と持ちをよくするシュウ ウエムラ。

ファンデーションの下地って必要？

人からよく聞かれることだけれど、即答できないのは、下地とひと口に言ってもものすごく種類があるから。保湿のため、皮脂を抑えてくずれにくくするため、毛穴をカモフラージュするため、後に塗るファンデーションやアイシャドウなどを密着させるため、くすみを払うため……。なるべく顔に塗るものは少ないほうがライトでいいから、ファンデーションのすべりをよくするためだけならば、スキンケアの後、すぐにメイクをすれば下地は不要。

ただし、鼻の周りだけ化粧くずれしやすいとか、ファンデーションが厚ぼったくなりがちという悩みがある人は、目的に応じた下地を取り入れてみるといい。また、日焼け止めとして使えるものもある。

私自身は、くすみを払うための下地（明るいピンク色でパール入りのもの）をよく使う。素肌っぽく仕上げたいので、ファンデーションはなるべく減らしたい。そのために色と光でくすみをカモフラージュするのだ。

このように、下地を使うことでファンデーションの量を減らせることもある。

下地の必要性は、目指す肌や目的を見極めることで決まる。

No. 21

Foundation

（左から）美容成分が多く、カバー力があるセルヴォークのリキッドファンデーション、ツヤっぽく仕上がるアディクションのリキッドファンデーション、しっとりとした使い心地のバーバリーのBBクリーム、密着度が高いアディクションのリキッドファンデーション。

MAKE UP

ファンデーションは暗めの色を選ぶ

　ファンデーションは、実は自分が思っているより一段階暗めのほうが自然に見えることも。歩いている人を観察したり、スナップ写真を見たりすると、「顔だけ白いな」と感じる人がけっこういる。原因としては、日焼け止めの白浮きのせいや、ファンデーションやパウダーを塗るうちに粒子が重なって白さが増していくせいだろう。さらに言うと、首の色との違いもある。正面から見ると、顔は首より前に出ていて首は影になっている。すると当然、光を受ける顔のほうが明るく見える。なのに顔を白く塗ってしまうと、首との色の差は大きくなるばかり。また、日本人は白肌への憧れが潜在的に強く、化粧品カウンターで明るめの色を勧められがちでもある。

　だからファンデーションを選ぶときは、自分の肌の色になじむと思う色を２色ピックアップしたら、意識して暗めのほうを選ぶといい。

　ちなみにファンデーションは、塗ると厚塗りに見えるところと、重ねても目立たないところがある。鼻筋とフェイスラインは、厚ぼったく見えてしまう。逆に頬の中心から鼻のあたりは、多少厚く塗っても大丈夫。

リキッドファンデーションの２色使い → p.89

No. **22**

Dual colour

アディクションのファンデーションは、色の展開が豊富な点が気に入っている。

MAKE UP

ファンデーション２色使いのススメ

　ファンデーションに関する悩みとして、自分に似合う色がわからないという人がすごく多い。そのひとつの解決策としておすすめなのが、リキッドファンデーション２色使い。

　肌の色にはイエローベースとかブルーベースなんて分け方もあるけれど、その中間の人だっているし、人の肌色はさまざま。だから、市販の色がぴったり合うことは稀。そこで、このくらいが自分の肌かな？　と思う色を明暗で２色買うと、ブレンドして色を調整できる。ピンク系のいちばん明るい色と、イエローオークル系のいちばん暗い色という選択もあり。もし、明るすぎる色を買ってしまったら、暗めの色を買い足してブレンドすれば、無駄にならない。

　２色持っているといいことはほかにもあって、ひとつは顔の部分によって色を使い分けられること。頬の高い部分やＴゾーンには明るめの色を、頬骨の下のようにシェードにしたいところには暗めの色を、と塗り分けると、立体感が際立つ小顔効果もあり。

　もうひとつ、日焼けしたときは少し暗めにしたり、赤リップを使うときは肌が白く浮いて見えるから少し落ち着いた色の肌にするというような、肌の色をシーンによって調整するという上級者テクも可能になる。

メリハリメイク → p.97

89

No. 23

Concealer

パレットタイプやスティックタイプのコンシーラーは、テクスチャーが硬めで密着度が高い。筆を使うと、しっかりとカバーすることも、アウトラインをぼかしてなじませることもできる。

MAKE UP

コンシーラーを使いこなすポイント

ファンデーションよりカバー力が高いのがコンシーラー。質感も形状もさまざまな種類があり、筆ペンやスポンジチップのタイプは気軽に使えるし、数色入っているパレットは、頬の高いところや目の周りという肌の微妙な差に合わせやすい。

1、2個のシミが気になるなら、密着度が高い硬めのテクスチャーのコンシーラーをのせて、輪郭をかるくぼかす。しっかりと隠せるけど、厚さが出るうえに乾燥しやすく、シワに入り込んでしまうのが難点。だからピンポイントで使うこと。

シミが広範囲だったり数が多かったりする場合は、隠すのではなく、柔らかいテクスチャーのコンシーラーで、ふんわりとカモフラージュするほうが素肌っぽく仕上がる。目元のくすみを払いたいときも同様。皮膚が薄く、まばたきなどでよく動く目の周りには、できるだけ保湿力があって、みずみずしくライトなものを使うこと。

クマが気になる人は、目の下全体ではなく、クマのラインだけにコンシーラーをひと筋ひいてぼかすだけで、予想以上に気にならなくなる。もっと確実にクマを隠したいときは、オレンジ色で補整してから、明るめの肌に近い色をのせると、色がにごらずきれい。ただし、コンシーラーを目のキワぎりぎりまで塗ると、目が小さく見えてしまうので要注意。目のキワの自然な影は生かすほうが、深みが出て印象的な目元になる。

きれいな素肌に見せる肌づくり → p.83

91

No. 24

ファンデーションを塗る道具
Tools

**リキッド
ファンデーション用**

❶は丸い筆。くるくる動かしながら塗る。ツヤっぽく薄付きに仕上がる。❷と❸は平筆。❷はしっかりカバーしたい部分に色を置くようにのせていく。❸は❷よりも毛足が長い分、ファンデーションを多くのせられる。❹と❺のスポンジは、ファンデーションの余分な油分を吸うから、肌はマットに仕上がり、色みが肌に残るため、カバー力が高い。❹は薄く塗り広げる用、❺は叩き込む用。

**パウダー
ファンデーション用**

①は目の下や小鼻の脇といった細かい部分に塗るのに適している。②は毛の量が密なので、肌を磨きあげるようにファンデーションをのせていく。③は毛がふんわりしているので、ファンデーションの粉をたっぷり含むけれど、肌にもふんわりのせられる。④のスポンジは片面が起毛していて、薄く塗り広げつつも、ふんわりのせるのに向いている。⑤のパフは肌にぴったりと密着させるために使う。

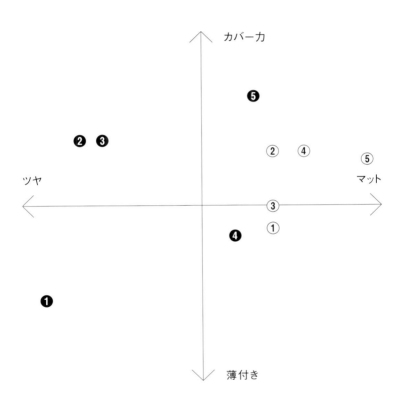

No. 25

Pressed powder

ローラ・メルシエのトランスルーセント（半透明）パウダー。付属のパフではなく、スリーのブラシでつけている。

MAKE UP

プレストパウダーをひとつ持っておく

　ツヤ肌の流行が長く続いているけれど、ツヤとテカリはまったく別もの。顔にはツヤが不要な部分もあり、例えば小鼻やおでこのテカリは抑えたい。そうすることで、必要なツヤも際立ってくる。ほどよくテカリを抑えるには、プレストパウダーをブラシでさっとつけるのが効果的。パフが付属されていたとしても、ブラシを使うほうが調整しやすい。鼻の脇など細かいところもフォローできる。下まぶたやアイラインなどのポイントメイクがにじみやすい場所にも、細い筆でプレストパウダーをのせると、くずれにくくなる。

　パウダーが苦手な人が多いのは、きっと厚塗りっぽく見えるせいだと思う。その理由は粉っぽさなので、粒子が細かいものを選ぶといい。また、白浮きしやすいものもあるので、色付きのパウダーだと安心。プレストというのは固めたという意味で、ブラシでさっとつければ薄付きに、パウダー用スポンジを使えばマットにと、幅広く使えるパウダーだ。ルースパウダー（固めていないもの）に比べて、粉飛びしにくいからブラシで使いやすく、密着度が高い。携帯にも向いているのでひとつ持っておくと重宝する。

No. 26

Contouring

シェーディングにはバーバリーのフェイスコントゥア、自然なメリハリをつけるチークにはアディクションのチークスティックのティーローズ、ハイライトにはツヤが出る筆タイプのコンシーラーが使いやすい。

MAKE UP

骨格が際立つメリハリメイク

　昔はメイクの土台として、まずは肌を完璧に整えるべしとされていた。それがファンデーションの厚塗りだったり、不自然なハイライトやシェーディングにつながっていたのかも。今はさりげなくメリハリを出せるコスメがたくさんあるから、もっと自然な美しさを表現できる。

　そもそも顔は、全体が同じ色じゃない。鼻や頬などの骨が高い位置は自然とツヤが出るし、影になる部分もある。ところがクマやシミや毛穴や肌色のムラを隠そうとして、全体にカバー力のあるファンデーションをべったり塗ってしまうと、顔はのっぺりと平坦になってしまう。

　骨格の凹凸を生かしつつ、自然なメリハリをつけるには、少しのテクニックが必要。まずはツヤを生かすために、小鼻の脇や鼻の下、フェイスラインなどにパウダーを薄くのせてテカリを抑える。そして、眉間の少し下にちょっとだけハイライトを入れる（長く入れるとあざとくなるので要注意）。さらに頬骨にも少しだけハイライトでツヤを足すと、顔立ちが立体的に見える。一段階濃い色のファンデーションやパウダーを持っているならば、髪の生え際などのフェイスラインに少し使うと小顔効果も出る。頬骨の下あたりにベージュピンクのチークを入れて、陰影をつけるのもいい。私にとって、チークは血色のためではなく、顔立ちに奥行きを出すためのもの。特に大人には、そんなチークの使い方を勧めたい。

光を使うメイク → p.23

97

No. 27

Challenge

何度も繰り返しメイクを落とすことは、肌を乾燥させてしまう。素早く落とせて乾燥しにくく、肌に負担が少ないオイルと水の二層タイプのスリーのポイント用リムーバーを愛用している。

ときには一人でメイクレッスンを

　私はコスメを買うと、まずは自分の顔で試す。新しいメイクを、いきなり出かける日の朝にチャレンジするのはリスキー。失敗するかもしれないし、しっくりくる使い方もわからない。だから時間がたっぷりある夜、その日のメイクを落とす前に、いろいろと試してみる。「あとは顔を洗ってお風呂に入るだけ」と思えば、大胆なメイクだって試せる。

　鏡とポイント用リムーバー、コットンを手元に用意して始めよう。まずいつものメイクを変えてみる。ファンデーションを減らしたり、クマやシミをカバーしたりするのも、いろんな方法を試してみるといい。手持ちのアイシャドウを重ね付けして発色させてみたり、ごく薄く塗ってみたり、幅広く塗ってみたり。眉毛の幅や形を変えて描いてみたり、アイラインを跳ね上げてみたり。道具を変えると仕上がりはどんなふうに違うのかな。新しく買ったコスメは、どんなふうに使えるかな。

　新しいメイクも一度やってみると、なんとなくアタリがつく。「あ、いいんじゃない？」と思えたら最高。似合う洋服と同じように、自分が気に入ったメイクは自信になる。

4

よい土台があってこそ

肌の調子が悪いだけで、メイクをする気にならない気持ち、

きっとみんな経験があるはず。肌のアラを隠すことばかりを意識すると、

メイクは楽しくなくなってしまう。逆に健康的にツヤのある肌なら、

リップに色を差すだけで表情がぱっと輝いて見える。

いろいろなポイントメイクに挑戦したくなる。

それなのに、スキンケアはおざなりに済ませていないだろうか。

肌の調子が違えば、スキンケアだって変わってくる。

メイクと同じで正解はひとつじゃないし、毎日同じじゃなくていい。

手間をかければいいというわけでもないけれど、

意識を高めれば肌は確実に応えてくれる。

No. 28

Day cream

（左から）ドゥ・ラ・メールのモイスチャークリーム、ヨンカの日中用フェイスクリーム、オルタナの高機能デイクリーム。肌の状態に合わせて、使い分けている。

SKIN CARE

日中はクリームが必須

　なにはなくとも毎日欠かせないものと言えば、日中のフェイスクリーム。外に出れば、乾燥した外気や大気の汚れ、ほこりなどの外的要因がいっぱい。素肌で受けると、肌荒れの原因となってしまう。

　また、日焼け止めやアイシャドウなどを肌に直接のせるのが嫌だから、下地としても愛用している。クリームを塗ると肌すべりがよくなり、ファンデーションを薄くきれいに塗りやすくなるという利点もある。

　真夏は化粧くずれ防止のために塗る量は少なめにするけれど、冷房による乾燥対策には、やっぱり塗っておきたい。少なくとも皮膚が薄くて敏感な目元には、必ず塗るようにしている。乳液に近いようなさらりとしたテクスチャーのものもあるけれど、プロテクトのために塗るならば、硬めのテクスチャーのほうが肌に残るから効果的。

No. 29

Sunscreen

ママ＆キッズの日焼け止め乳液（SPF23.PA++）は、さらりとライトな質感で伸びがよい。シャネルの日焼け止めジェルクリーム（SPF50.PA+++）は、しっかり塗っても白浮きしにくい。

日焼け止めは2種類用意すべし

私は真っ白な肌にこだわってはいない。夏は少し日焼けしているくらいが好きだけど、顔のシミや肌の老化は避けたいから、日差しを無駄に受けないようにする。体（特に足）は少し焼いて、顔は日焼け止めで守るようにしている。

私の日焼け止めに対する絶対条件は白浮きしないこと。薄く伸ばせば白浮きしないと思うかもしれないが、伸ばしすぎると効果は少なくなってしまうから。そのうえで、SPF値の違うものを季節と肌の状態によって2種類以上使い分けている。

しっかりと強力なものは、塗っているときだけでなく、落とすときにも肌に負担がかかる。敏感肌には、日焼け止め自体が負担になるくらい。だからなるべく必要以上に使わない。負担がかかるものを塗る時間を減らすために、日差しがまだ弱い時期や屋内にいる日は、伸びがよくて潤いをキープできるSPF値が低いものを使う。そして3月頃から、SPF値の高いものに移行する。屋外で汗をよくかく日や海に行く日などには、ウォータープルーフの日焼け止めを使うこともある。

忘れてはいけないのは、日焼け止めに頼りすぎないこと。塗りムラもあるし、100パーセントの効果はないから。日傘や帽子を併用することと、長時間、日差しを受け続けないよう意識することが大切。

No. 30

Portable sunscreen

エムアイエムシーのミネラルパウダーサンスクリーンは、パフ一体型で手軽に使える。右はランコムのクッションファンデーション。

SKIN CARE

塗り直しに向いている日焼け止め

　日焼け止めは塗り直しが必要と言われているけれど、現実的にこまめに塗り直すのは難しい。"2時間おきに"というのはビーチやアウトドアで汗をかいているときの基準だと思うので、日常生活ならお昼の休憩どきに塗り直すくらいでいい。私は汗をかいたときや、日にさらされていると感じたときに塗り直している。特にシミがある部分には、こまめに塗り直す。

　ボディ用にチューブタイプの日焼け止めを携帯しているけれど、顔の塗り直しにはパウダータイプの日焼け止めが便利。クリームやミルクタイプの日焼け止めより、メイクの上に重ねやすい。また、日焼け止め効果のあるクッションファンデーションは、重ねても仕上がりがきれいなので、塗り直しにも向いている。コンパクトタイプで持ち歩きやすいのもいいところ。

クッションファンデーション → p.76,80

No. 31

For summer

夏は、ローラ・メルシエのプレストパウダー(セミマットタイプとマットタイプ)や、ナーズの下地を愛用。さらっとした質感の肌に仕上がる。

SKIN CARE

夏のテカリ&化粧くずれ対策

　化粧くずれを避けたいなら、ファンデーションはなるべく薄く塗るのが鉄則。塗っているからくずれるわけで、塗らなければくずれない。それは極論にしても、私は塗らなくていい場所にはなるべく、塗らないようにしている。

　特に真夏は、クリームを塗ったそばから汗が出てきてしまう。その上に日焼け止めも塗るから、どろどろにくずれやすい。普段は外的要因から守るためにクリームが必須だけど、夏は目と口の周りに重点的に塗り、指に残ったクリームを顔全体に伸ばす程度にしている。クリーム自体をライトな質感のものに変えたりもする。

　テカリを抑えるためのパウダーもある。気になる部分にパウダーをブラシで薄く重ねて、ツヤをコントロールするといい。皮脂が出やすい人は、さらにパウダーをパフで気になるところに重ねれば完璧。皮脂をコントロールしてくれる下地や、皮脂を吸着するくらいマットなパウダーもあるから、部分的に併用するのもいい。

　化粧直しの前には、ティッシュペーパーで余計な皮脂や汗を押さえることをお忘れなく。

109

No. 32

Skin condition

ネロリラ ボタニカのセラムは、ボトルを振ってオイルと化粧水を
混ぜ合わせて使うので、お風呂上りの肌にすっと染み込んでいく。

自 分 で 肌 診 断

　たまには、お風呂上がりになにもしないで10分くらい放置してみよう。それから手で顔を触って、突っ張っていないか、かさかさしていないか、柔らかいか、毛穴は開いていないかなど、自分の肌の状態を確認する。スキンケアは毎日のことだから、同じものを同じように使いがち。ルーティン化してしまっているなと感じたときは、自分と向き合う意識を高めるために、こうして肌のテストをする。時間に余裕があれば、自然光で確認できる朝に診断するのがいちばんいい。

　私自身は基本的に乾燥肌なので、冬は脱衣所にオイルを置いておき、顔を拭いた瞬間にオイルをつける。そうすればその後、落ち着いてスキンケアができるから。最近は肌を過保護にしているなと感じたので、ミニマムケアを実践中。化粧水の後に、クリームは目と口の周りに塗るくらいのシンプルなスキンケアにして、自分で潤う力を鍛えるようにした。半年続けてみて、顔を洗った後すぐに化粧水をつけなくても、突っ張らなくなったと感じている。調子がいいので、夜のクリームは引き続き少なめにしたり、オイルは局所使いにしている。

　自分の肌に「何が必要？」と聞きながらケアしていると、ちゃんと反応があって面白い。

No. 33

Another way

私にとって化粧水は、水分補給のためと、その後のスキンケアを肌になじませやすくするためのもの。だから機能よりも香りを重視している。

SKIN CARE

スキンケアのマニュアルを変えてみる

　日本人に化粧水絶対主義は多い。でも実は、化粧水だけでは潤いを保てないから、油分をプラスしないと肌は潤わない。ならばなんのために必要なのか。それを知るためには、一度、化粧水を抜いてスキンケアをしてみるといい。

　きっとたいていの人は、長年の慣習でスキンケアをしていると思う。歳を重ねるほどに、自分のやり方に固執しがち。だけど、当たり前だと思っていたことを疑って確認してみると、自分の肌になにが必要で、どんなふうに使うと効果的なのかが見えてくる。

　私は日頃から、化粧水、クリーム、オイルなどをつける順番を変えたり、抜いてみたりする。その結果、化粧水を先につけることで、後からつけるものが染み込みやすくなると感じている。そう考えると、化粧水は機能より香りを優先したいというふうに、選び方も変わってきた。

　いろんな化粧品を使い比べるのもいいし、同じものの使う順番を変えてみるだけでもいい。意識しながら使うと、気付くことがたくさんある。必要ないのにマストだと思い込んでいるものがあるかもしれない。たまに実験してみると楽しい。きっと肌はもっときれいになるし、スキンケア自体が楽しくなるはず。

自分で肌診断 → p.111

No. 33 スキンケアのマニュアルを変えてみる

今日のスキンケアは？

Ver. 1 乾燥していると感じたら

超乾燥肌には、保湿力が長く持続するヨンカのローションとイドラシリーズのセラムとクリームでしっかり保湿を。

SKIN CARE

Ver. 2 ノーマル肌にはシンプルなケアを

ノーマルな状態のときは、化粧水と日中用のクリームだけでシンプルにスキンケア。化粧水を重ねてつけると、よりしっとりする。

No. 33　スキンケアのマニュアルを変えてみる

Ver. 3　トラブル肌には刺激の少ないものを

肌が敏感なときは、刺激を感じないオイルに頼る。最近はオイル単体よりも、化粧水とオイルが混ざっているほうが、肌に潤いがしっかり届くと実感しているので、ウェリナのオイル混合化粧水を先につけてから、シゲタのオイルとヴェレダのスキンフードというクリームをプラスする方式に。

SKIN CARE

Ver. 4 　夏の汗とべたつきに

汗をかきやすい夏は、ミルク→ローションの順に使うからべたつきにくいアルビオンのアンフィネスダーマを。コットンでパッティングしながら、クールダウンさせる。日中の肌を保護するために、好きな香りのヨンカのデイクリームをかるくつける。

No. 34

Special care

dプログラムの敏感肌用保湿シートマスクと、ニールズヤード レメディーズのクレイマスク、ヨンカの塗るタイプのジェルクリームマスクとエイジングケアマスク。

SPECIAL CARE

ときにはスペシャルケアを

　普段のクレンジングはマイルドなものを使っているので、たまにきちんと汚れや角質を取ってから、しっかり保湿するスペシャルなケアをする。

　たまった角質をはがすには、ピーリング（古い角質を取り除き、ターンオーバーを正常にする角質ケア）が効果的。ごわつきやくすみがある人には向いているけれど、必要以上に取りすぎてしまうこともあるので、乾燥肌や敏感肌の人は注意が必要。私は顔全体には使わず、部分的に使ったり、決まった時間よりも短く使うようにしている。保湿しつつ、汚れを吸着してくれるのはクレイマスク。夏は週に一度くらい使う。私は乾燥肌なので、乾きにくいものを愛用している。

　その後パックやマスクで保湿する。シートマスクは肌に密着するので合わない人もいるし、時間をおきすぎると余計に乾燥を招くこともあるので、注意しながら使う。決まった時間より長く使わないようにして。よく使うのは、塗るマスク。洗い落とさず、塗りっぱなしでOKのタイプが便利。翌朝の肌の感触が違うし、毛穴の開きも気にならなくなる。

　肌を健康に整えるにはデイリーなケアがいちばん大事。でもたまにスペシャルなケアをすると、気分が上がって楽しい。

119

No. 35

Cleansing

（左から）ナリッシュ、トリロジー、ヴェリマのクレンジング。すべてしっとりとした洗い上がりのミルクまたはクリームタイプで、香りがいい。いちばん右は、マイルドな洗い上がりのシゲタの洗顔フォーム。

スキンケアの要はクレンジング

　肌が荒れる原因のひとつは乾燥。乾燥すると肌のバリア機能が低下し、外からの刺激を受けやすくなる。乾燥に悩んでいる人は、汚れをしっかり落とそうとして洗いすぎてしまっているかもしれない。実は保湿成分を与えるよりも、奪いすぎないほうが重要なのだ。だから、「なにかいい美容液は？」と聞く前に、クレンジングを見直すほうがいい。クレンジングを見直すことで、美容液を変えるより変化を実感できる。

　肌にいちばんやさしいのは、ミルクタイプのクレンジング。皮脂を奪いすぎずに潤いをキープしてくれるから、洗い上がりはしっとり、もっちり。洗浄力は弱めだから、ウォータープルーフのマスカラなどを使ったときは、あらかじめポイントメイクリムーバーで落としておくこと。

　しっかりメイクの日や、急いでぱっと落としたいときは、すぐにメイクとなじむオイルが便利。スピーディに落とせるから、洗浄力の低いもので時間をかけて落とすよりも、肌への刺激が少ない場合もある。クレンジングはとにかく短時間で済ませることが大事。時間をかけてマッサージしながら落とすことは勧めない。ただし、すすぎはしっかりと。熱いお湯ではなく、ぬるま湯で。

No. 36

Lip care

スリーのリップローションとリップオイルは、手放せないもののひとつ。保湿にはディオールのリップマキシマイザーやハッチのリップクリームが定番。

リップケア

　唇はとても荒れやすい部分。よく動かすし、ダメージを受けやすいのに、皮膚は薄い。自分で潤えないから、舐めると余計に乾燥してしまう。ごめんねって言いたくなるくらい悪状況。ただし、新陳代謝が早いので治るのも早い。つまり、手入れ状況が現れやすい部分と言える。唇が荒れていると顔がさえない印象になってしまうから、ケアをして健康的な色ツヤをキープしておきたいところ。

　リップケアには、手軽に汚れと角質が取れるリップローションを愛用中。四つ折りにしたティッシュの角にローションを染み込ませて拭き取るだけ。むけかかった皮が残っていると口紅を塗ってもムラになるので、メイク前に使うといい。無理なく取れて、なめらかになる。使った後は、オイルやリップクリームでしっかり保湿をする。

　表面を保護してくれるのは、リップクリーム。スティックタイプは密着力があり、携帯に向いている。チューブタイプは自宅にいるときや、寝る前に多めに塗ってパックするのに向いている。また日差しが強いときは、日焼け止め用のリップクリームを塗ったほうがいい。一方、オイルは浸透して内側から保湿してくれる。リップ専用のオイルもあるけれど、フェイスオイルを利用してもいい。肌を手入れするときに、ついでに唇にもオイルを塗って。

No. 37

Body care

（左から）オサジの保湿ボディゲル、ヴェレダのボディオイル、バンフォードのハンド&ボディローション。

ボディの保湿

　ボディのスキンケアは、タイミングが大事。入浴後は水分が蒸発するときに、必要な潤いまで飛んでしまい急激に乾燥するから、すぐにオイルをつけるようにしている。体が濡れている状態でつけると水分となじむから、ヌルヌルすることもない。

　オイルをつけることによって、そのあとのスキンケアの成分が浸透しやすくなる。クリームもいいけれど、冬は冷たく感じるし、乾燥しているとなじみにくいので、まずはオイルを塗ってから、クリームを重ねるといい。単品でケアするよりも、レイヤードしていくほうが効果的。

　今、いちばんいいなと思っているのは、水分と油分を組み合わせるケア。化粧水にオイルを加えて、手のひらで混ぜて塗り、その上にクリームを塗ると心地いい。ボディクリームにオイルを混ぜるのもあり。保湿力が上がるうえ、伸ばしやすく、なじみやすくなる。

　乾燥しすぎてかゆみがあるようなときは、オイルやクリームを塗っても内側に乾きが残っている感覚がある。そんなときはゲル（ジェル）を使うと内側からしっかりと潤い、かゆみも落ちつく。

No. 38

Treatment

（左から）スキンランドリーやエスケーツーの保湿力のある日焼け止め、かゆみなどのトラブルをケアできるヴェレダのカレンドラクリーム、オダシテの超乾燥肌用オイル。

BODY CARE

３〜４月の肌トラブルにご注意！

　肌に最もダメージを与えるのは、湿度や気温の落差が大きい時期。肌が対応しきれないと外的刺激に弱くなり、結果、肌トラブルが起きやすくなってしまう。特に３月の終わりから４月にかけてが要注意！　空気はまだ冬の乾燥した状態だけど、なんとなく乾燥対策は甘くなってきている頃。さらに、いつの間にか紫外線の量は増えているのに、まだ日焼け対策はしないでいいや、なんて油断している。さらに花粉も飛び始め、敏感肌になりやすい。なのに、無防備になってしまいがち。

　私の場合は、目の周りがヒリヒリしたり、吹き出ものが出たり、５月くらいまで肌トラブルが出やすいので、１年のうちで最も注意深く肌に向かい合うようにしている。具体的には、日中にもう一度保湿をしたり、鎮静効果のあるカレンデュラのクリームやオイルを使う。

　うっかり日焼けといえば、ボディにも注意が必要。外にいる時間が長いときは、肩から腕と首の後ろ、足の甲にも、必ず日焼け止めを塗るようにしている。

トラブル肌のスキンケア → p.116　／　レスキューアイテム → p.131

No. 39

After-sun

（左から）インソーレ フラワーオイルのカレンデュラ、マリエン薬局の紫外線ダメージリペアジェル、ラ ロッシュ ポゼのミスト状化粧水、コレスナチュラルプロダクトのクーリングジェル。

日焼けで敏感になった肌へ

　日常生活のなかでじわじわと日焼けしてしまうのは仕方ない
こと。あまりダメージを感じないけれど、少し焼けて乾燥して
くると、かゆくなることがある。そういうときは保湿すればいい。

　気をつけたいのは、リゾートやアウトドアなどで、うっかり
焼けてしまったとき。シャワーのお湯がひりひりするくらい真
っ赤になってしまっている場合は、応急処置が必要だ。熱を持
っていてやけどのような状態なので、まずはクーリングジェル
などでクールダウンすること。アフターサンケアアイテムが手
元にないときは、濡れたタオルなどで冷やすだけでも違う。

　熱が落ち着いてから、しっかり保湿をする。ダメージが大き
いとしみることもあるので、アフターサンケア専用のアイテム
だと安心。刺激を感じにくいオイルもおすすめ。カレンデュラ
やククイナッツといった、鎮静効果のあるものを選んで。化粧
水を使う場合は、美容成分がたくさん入っていると刺激が強い
かもしれないので、潤う効果に特化したシンプルなタイプを。

　そんなにひどい日焼けじゃないと思っていても、肌荒れの予
防のために、きちんとアフターケアはしておくべき。夏を前に
日焼け止めを買うときは、合わせてアフターサンケアコスメも
用意しておくと安心。

No. 40

Rescue item

（左から）ヴェレダのコンブドロンジェル、オダシテのスポットケア用オイル、ハーブファーマシーのバーム2種、資生堂のモアリップ、マリエン薬局の肌トラブルレスキュークリーム。

常備しているレスキューアイテム

これさえあれば安心！　という常備薬のようなコスメがいくつかある。うまく使いながら、できるだけ肌に負担をかけずに、徐々によい状態にもっていけば、トラブルが長引くことも、皮膚科に駆け込むほど悪くなることもない。

唇が荒れたときの応急処置には、医薬品のリップクリームを。厚めに塗り、小さく切ったラップを密着させて数分おくと、驚くほど柔らかくなる。医薬品は即効性があるけれど、必要なときに限って使うように注意している。

肩が凝ったときや足がむくんでいるときは、ハーブファーマシーのアスリートバームを塗り込みながら、かるくマッサージを。血行不良でからだがだるいな、冷えているなと感じるときは、アルニカフラワーやカレンデュラ入りのリリーフバームを。

そして夏の悩みである虫刺されには、ヴェレダのコンブドロンジェルが必需品。掻かずになるべく早く塗ることで、かゆみが鎮まるから掻きくずす心配もないし、腫れや赤みも気にならなくなる。

ニキビができてしまったら、信頼をおいている高純度のオイルセラム（オダシテ ピュアエレメンツのBI＋C）を塗る。跡になることもなく、数日で治ることが多い。

超乾燥肌の私は、寝ている間に足を掻きくずしてしまうことがある。そんなときは、鎮静効果のあるカレンデュラが配合されている、マリエン薬局の肌トラブルレスキュークリームを。

No. 41

Hair oil

（左から）ドライヤーをかける前、トリートメント感覚で使うツイ、日中に使うのは、重い順に、レオノール グレユ、パーフェクトポーション、スリーのヘアオイル。

スタイリングはヘアオイルで

　私の髪はくせ毛でふくらみやすい。ショートカットで、タイトにまとめるのが好みだけど、スプレーで固めるのは嫌だし、ワックスだとホコリの付着や触るとべたつくのが気になる。そこでオイルをスタイリング剤として愛用している。

　髪の毛は、人から見たときの印象の決め手になるところ（ときにはメイクよりも！）。くせ毛でも直毛でも、潤っているほうが絶対にきれいに見えるし、パサついてると、清潔感がないような、雑な印象を与えてしまう。

　ヘアオイルは、ツヤを与えながら髪をしっとりまとめる効果があるから、ヘアケアしながら髪を傷めずにスタイリングできる。なんて優秀なアイテム！　でも要注意なのが、たくさんつけるとべたっとしてしまうこと。髪が少ない人は、根元には使わないほうがいい。ロングヘアなら、毛先だけにつけるのもアリ。私は入浴後、髪が乾いた途端に広がってしまうので、濡れた状態にライトなヘアオイルをトリートメント代わりにつけてから乾かしている。

　ヘアオイルは香りがあるものが多い。普段香水をつけない私は、代わりに髪の毛の香りを楽しんでいる。香水ほど強くないから嫌味じゃないし、ぱっと振り向いたり、下を向いたときに、ふわっと香ってくるのがうれしくなる。

No. 42

Scalp care

人気ヘアサロン発のヘアケアブランド、ユメドリーミン。左はエピキュリアンのクレンジングクレイ、右はツイのスカルプセラム（頭皮用美容液）。

スカルプケアは非常に大事

　毎日シャンプーしていれば頭皮は清潔だと思っている人が多いかもしれない。ところが普段、シャンプーで2回洗っている私でも、ドライヤーで乾かしているときなどに、自分の頭の匂いが気になるときがたまにある。そんなときは、翌日の入浴時にクレイクレンジングをする。

　入浴前に頭皮に直接つけて、かるくマッサージをするだけ。そのまま10〜30分くらい放置してから、シャンプーして洗い流す。やってみると、まずシャンプーの泡立ちが違う。シャンプーを変えたのかと思うくらい、仕上がりの手触りが変わる。乾かしたときに根元がふわっと軽い。ああ、気づかないうちに毛穴に汚れが詰まっていたんだろうな、と思う。それまで汚れによって寝てしまっていた髪の根元が立ち上がるようになるので、スタイリングしていても毛先がハネにくくなるし、いいこと尽くしなのだ。

　ちなみに、汚れを取りたいときはクレイクレンジング、保湿をしたいときはヘアオイルクレンジングと使い分けている。ヘアローションで、頭皮をマッサージするのも気持ちがいい。

　まずは1回やってみてほしい。髪の毛の健康にもつながるから、年齢を重ねて元気がなくなった髪が気になっている人にもおすすめ。

No. 43

マイスタンダードコスメ
My Standard

コスメ編

❶❷トム フォード ビューティのアイブロウジェルとアイブロウペンシル(ブロースカルプター)、❸ディオールのアディクト リップ マキシマイザー、❹アディクションのチークスティックのティーローズ、❺❻マックのヴェルヴェティーズ リップ ペンシルのオーハニー(廃番)とパテントポリッシュ リップ ペンシルのフレンチ キス、❼スリーのベルベットラストリップスティックのロリータキス、❽アディクションのティント リッププロテクター+モアのドアオープン。

MY STANDARD

私が使う頻度がもっとも高い偏愛アイテムたちはこちら。どれも
なくなりかけるとストックを買いに走るくらい、ないと困るものばかり。

スキンケア編

①しっとりした洗い上がりが気に入っているトリロジーのクレンジング クリーム、②美容オイル配合のウェリナのクリアヴェリーモイスト、③大好きな香りのヨンカ、ローション ヨンカと④⑤イドラ N°1 シリーズのセラムとクレーム、⑥パーフェクトポーションのヘアー＆スカルプ エリクサーというオイル。

No. 43 マイスタンダードコスメ

ポーチの中のマイスタンダードコスメ
My standard

　毎日のメイクが違うから、ポーチの中身も毎日変わる。

　絶対に持ち歩くものは、ポケットティッシュと綿棒、手鏡、リップクリーム、乾燥している部分につけることができるバーム。特に保湿アイテムは年中、必須。日中にもう一度保湿をするかしないかで、乾燥具合が変わってくる。

　ティッシュペーパーは、テカリを抑えたり、化粧直しに使ったり、食事の前にリップをさっと押さえたりと、なにかと使う万能アイテム。アイメイクのくずれを修整するときにあると便利なのが綿棒。個包装のものを数本持ち歩いている。

　化粧直しに使うのは、眉が消えていてもささっと描き足すことができるなぎなた型のアイブロウペンシル、その日のメイクに合うリップを1本。

MY STANDARD

トラベルコスメ
For travel

　海外旅行など、長時間飛行機に乗るときに持っていたいアイテムは決まっている。

　空気が乾燥しているから、ヨンカの塗るタイプのジェルマスク、マスク N°1 とリップクリームは必須。これをたっぷり塗れば、顔の乾燥対策はばっちり。好きな香りのハンドクリームも忘れずに。

　水だけで歯がツルツルになるミソカの歯ブラシと、デリケートゾーンの拭き取りシートも必需品。寝たり起きたりを繰り返していても、これがあるとすっきりする。

　ロールオンタイプのアロマオイルは、香りが周囲に広がらないので、機内でも気にせずに使える。気分転換に、手首や首筋にさっとつける。

すぐにできることリスト

Skin care

☐ 化粧水を省いてみる → 化粧水の効果を知るため

☐ クリームを省いてみる → クリームの必要性を確認するため

☐ 化粧水を2回重ねづけしてみる

☐ オイルを必要な局所使いにしてみる

☐ 化粧水とオイルを手の平で混ぜ合わせてからつけてみる

☐ 日中にもう一度保湿ケアを取り入れる
　＊乾燥予防にはバームタイプ、乾燥してしまったならジェルタイプ。

☐ 新しいスキンケアの効果を実感するには、
　少なくても2〜4週間試してみる

☐ 洗顔後、たまに肌チェックをする
　＊鏡で見て、手で触れて、荒れていないか、乾燥していないか、
　　毛穴の開き具合などを確認。

☐ つけるアイテムの順番を変えてみる

☐ 乳液を先につけて、化粧水をコットンでパッティングしてみる

☐ 目的に合った美容液を投入してみる

☐ 乾燥肌の人はクレンジングを見直す
　＊できるだけマイルドなもので短時間で済ませる。
　＊すすぎはぬるま湯（熱い湯は厳禁）でしっかりと。

Make-Up

☐ リップを３本持つ

☐ ブラウンリップを試してみる

☐ 大きな鏡で服とメイクのバランスを確認してみる

☐ マスカラは根元を多めに、毛先は少なめに塗る

☐ 眉毛を極力、抜いたり切ったりしない
　　＊特に眉の上部分は絶対に剃らない。

☐ 眉の下側を太めに直線に描いてみる

☐ アイメイクがくずれやすい人は、
　　にじみやすい部分にフェイスパウダーをのせる

☐ ペンシルで描いたアイラインがにじみやすい人は、
　　ラインを綿棒で押さえてみる

☐ アイブロウジェル（アイブロウマスカラ）を使って
　　毛流れを出してみる

☐ くすみが気になる部分はピンク系の下地を使い、
　　ファンデーションの使用部位（使用量）を減らす

☐ 持つだけで気分が上がるコスメをひとつ買う

Portrait by Futoshi Osako

草場妙子　TAEKO KUSABA

ヘアメイクアップアーティスト。
熊本出身。サロンワークに携わりながらヘアメイクを目指すように。上京後アシスタントを経て、2006年に独立。現在は、雑誌や広告、CMなどを中心に幅広く活躍する。こだわりの美容アイテムを紹介したインスタグラムも話題になっている。
Instagram：@kusabataeko

STAFF

企画・編集　　藤井志織
デザイン　　　三上祥子（Vaa）
写真（人物）　加藤新作
写真（物）　　加藤望
モデル　　　　井上 恵、鈴木葉音野、道用浩子
編集担当　　　村上妃佐子（アノニマ・スタジオ）

＊ 本書の化粧品やアイテムは、すべて著者の私物です。
　使用感は個人の感想であり、効果や効能を示すものではありません。
　販売状況や掲載の情報は2018年3月現在のものであり、変更の可能性があります。

アノニマ・スタジオは、

風や光のささやきに耳をすまし、

暮らしの中の小さな発見を大切にひろい集め、

日々ささやかなよろこびを見つける人と一緒に

本を作ってゆくスタジオです。

遠くに住む友人から届いた手紙のように、

何度も手にとって読み返したくなる本、

その本があるだけで、

自分の部屋があたたかく輝いて思えるような本を。

TODAY'S MAKE-UP 今日のメイクは？

2018年 4月16日　初版第1刷 発行

著者　　草場妙子
発行人　前田哲次
編集人　谷口博文

アノニマ・スタジオ
　〒111-0051　東京都台東区蔵前2-14-14　2F
　TEL 03-6699-1064　FAX 03-6699-1070
発行　KTC中央出版
　〒111-0051　東京都台東区蔵前2-14-14　2F
印刷・製本　図書印刷株式会社

内容に関するお問い合わせ、ご注文などはすべて上記アノニ
マ・スタジオまでお願いします。乱丁本、落丁本はお取替えい
たします。本書の内容を無断で複製、複写、放送、データ配信
などをすることは、かたくお断りいたします。定価はカバーに
表示してあります。
ⓒ2018 Taeko Kusaba printed in Japan
ISBN 978-4-87758-776-5 C0077